Mein Mensch und die Kletten

Text: Andreas Strozyk | Illustrationen: Lena Hesse

Ich bin ja ein Hund und finde: Manche Menschen sind sehr komisch. Ganz besonders komisch ist mein Mensch – der Herr Georges. Einmal hatte ich eine Menge Kletten im Fell. Ich liebe es, NEBEN den Wegen zu laufen. Wo es wilde Pflanzen gibt und bunte Schmetterlinge flattern. Ja, und dabei verfangen sich eben diese kleinen stachligen Kügelchen in meinem Fell. Mich stören sie nicht. Irgendwann fallen sie von allein wieder ab. Aber genau an diesem Tag wollte mein Herr Georges nicht, dass ich mit pieksigen Dingern im Fell herumlaufe. Es war ein ganz besonderer Tag! »Heute kommt Frau Gundel zu Besuch!«

Georges hatte die ganze Wohnung geputzt, das Tischtuch gebügelt, die bunten Tassen auf den Tisch gestellt und sogar einen Kuchen gebacken.

Da durfte der Hund doch keine kleinen pieksigen Kügelchen im Fell haben! Also hat mein Herr Georges jede Klette einzeln abgesammelt. Aber dann hingen sie alle an ihm.

»Nanu?« Georges wunderte sich.

Bevor er damit fertig war, klingelte es. DINGDONG!

Herr Georges sprang auf – sofort hing er mit den
Kletten am Tischtuch fest!
»Oh nein!«
Es klingelte wieder. DINGDONG!
Georges wirbelte herum – das Tischtuch auch!
Schon lagen die bunten Tassen und der Kuchen
auf dem Boden.
»Oh nein, oh nein!«
Wieder klingelte es. DINGELINGEDINGEDONG!
»Oh nein, oh nein, oh nein!«
Mein Herr Georges rannte zur Tür, riss sie auf –
das Tischtuch klebte an seinem Hosenbein.

»Guten Tag!«

Frau Gundel staunte über Herrn Georges seltsamen Anzug.

»Das Tischtuch steht Ihnen aber sehr.«

Herr Georges wurde ganz rot.

»Ja, nein, aber – kommen Sie doch herein.«

Er versuchte das Tischtuch loszuwerden, erreichte aber nur,
dass es auch an Frau Gundel kleben blieb.

Georges war das sehr peinlich. »Entschuldigung.«

Frau Gundel kicherte. »Aber das macht doch fast gar nichts.«

Sie versuchten voneinander loszukommen,
sie zogen und zerrten ...
»Darf ich mal ...«
»Wenn Sie hier jetzt ...«
»Oh, Verzeihung ...«
»Vielleicht geht das so ... ?«
Die zwei zappelten und strampelten –
aber die Kletten hielten sie fest.
Frau Gundel hatte eine Idee!
»Wir müssen zugleich ziehen –
jeder in eine andere Richtung!«
Das klang gut.

»Eins, zwei, DREI!«
Beide zogen, und plötzlich kullerten sie über den
Teppich. Sie waren frei!
Mein Herr Georges pflückte sich eine Klette aus
den Haaren.
»Was sind das nur für wundersame Kügelchen?«
Er wollte sie sofort erforschen.

Aber Frau Gundel wusste Bescheid. »Das sind Kletten.
An den Enden ihrer Stacheln haben sie kleine Häkchen.
Damit hängen sie sich überall an und lassen sich durch
die Gegend tragen. So kommen die Kletten weit herum.
Wenn sie einen Platz entdecken, an dem eine Klette fehlt,
lassen sie sich fallen, und schon bald wächst da eine
Klettenpflanze.«
Georges staunte. »Was Sie alles wissen, Frau Gundel!«

Am nächsten Morgen hatte mein Herr Georges ein
bisschen verschlafen. Er wollte sich ganz schnell anziehen,
bekam die Hose nicht zu, zog und zerrte – plötzlich
sprang der Knopf ab.
PLING!
Was sollte er denn jetzt machen?
»Ha!« Georges nahm eine Klette, setzte sie an die Stelle
seines Hosenknopfes – die Hose hielt! »Phänomenal!«
So etwas wäre mir nie eingefallen. Aber ich habe
ja auch keine Hose mit Knöpfen! Ein Hund mit Hosen ...

Am Tag darauf hat mein Herr Georges alle seine Knöpfe
durch Kletten ersetzt.
»Die sind doch viel praktischer!«
Aber nach einiger Zeit fielen die kleinen stachligen
Kügelchen wieder ab. Deshalb stellte mein Herr Georges
einfach künstliche Kletten her. Die halten lange und
sind unheimlich praktisch!

Mein Herr Georges ist total stolz auf seine Erfindung:
»Nie mehr Knöpfe knöpfen!« Es gibt viele Leute, die nicht
gern Knöpfe knöpfen. Sie mögen die künstlichen Kletten
von meinem Herrn Georges sehr. Man kann damit auch
Schuhe und Taschen schließen.
Sogar Raumfahrer benutzen unsere Klettenverschlüsse.
Seitdem geht es uns richtig gut.

Und mein Herr Georges und Frau Gundel hängen
wie Kletten aneinander – sie wollen sich gar nicht mehr
trennen. Alles nur, weil ich diese Kletten mit nach Hause
gebracht habe.
Manchmal ist es ganz gut, NEBEN den Wegen zu laufen …

Andreas Strozyk lebt schon immer in Berlin, denkt sich schon immer gern komische Sachen aus, schreibt sie auf oder er zeichnet sie, und manchmal kommen dabei kleine Animationsfilme – zum Beispiel für das Sandmännchen oder die Maus – heraus, oder es werden gedruckte Geschichten oder etwas ganz anderes.

Lena Hesse wollte Feuerwehrfrau, später Sängerin, Akrobatin, Surflehrerin und schließlich Fotografin werden, dann aber kam ihr auf einer Reise durch Spanien ihre Kamera-Ausrüstung abhanden. Sie verlegte sich aufs Zeichnen und Schreiben. Seitdem hat sie zahlreiche Bilderbücher veröffentlicht und ihre Berufswahl nicht mehr in Frage gestellt.
www.lenahesse.com

Urlaub in Kratzenhausen

Text: Renus Berbig | Illustrationen: Nikolai Renger

H uhu, Mieze!«, ruft Karla Katze und winkt mit einem Reiseprospekt. »Guck mal, was ich hier habe!«
Mieze Ausdiemaus, Karlas beste Freundin, kommt eilig angesprungen. »Was denn?«
»Wir wollten doch zusammen Urlaub machen«, erklärt Karla. »Und da bin ich gleich hier in Zizi Zugvogels Reisebüro gegangen und hab da ein ganz tolles Angebot gefunden.«

»Du warst bei den Schnattergänsen?«, fragt Mieze überrascht.
»Ja, warum nicht? Die kennen sich aus da, die sind schon um
die halbe Welt geflogen«, erklärt Karla.
»Ein bisschen schreckhaft, diese Vögel, aber sehr nett und
sehr kompetent. Kratzenhausen! Du musst dir das mal ansehen,
das klingt so toll ...« Mieze und Karla studieren den Prospekt.

CHRRRRRRR.

KRATZEN Sie nach Lust und Laune
an den Sofas und Sesseln
im Hotel Katerhof.

KRAAAATZ

SCHRRRR...

RUND UM
DIE UHR

SCHNURREN Sie mit Ihren Liebsten
um die Wette auf herrlich zerschlissenen
Katzenhaar-Matratzen.

- NO WATER -

SALON KATZENGOLD

PFLEGEN Sie Ihr Fell
im Salon Katzengold:
Bürsten, Kraulen, Lecken.
Alle Frisuren, alle Styles!
Mit angeschlossenem
Krallenstudio.

»Miau! Das ist ja ein traumhaftes Angebot!«,
ruft Mieze begeistert.
»Sag ich doch«, sagt Karla, »und es kommt
noch viel besser ...«

MIETEN Sie sich einen Katzenkorb an unserem
kilometerlangen Katzenstreustrand!
Wir bieten zahlreiche sportliche Aktivitäten
wie Schnapp die Schnur, Wollball und
Freestyle-Durcheinanderpurzeln.
Einfach überall und übermütig herumtollen!

ALL INCLUSIVE

Finden und markieren Sie Ihre ganz persönlichen Geheimpfade durch die Stadt. Streifen Sie mit Besuchern aus aller Welt durch verpinkelte Gassen und schattige Kratzbaumalleen.

TÄGLICH FRISCHES PIPI!

GENIESSEN Sie duftende Fischgerichte in einzigartigen Streetfood-Lokalen! Oder auch mal einen schmackhaften Trockenfuttersnack zu einem Schälchen Milch in der Bar Katzenklappe!

»Mmmh, lecker! Da läuft mir ja das Wasser im Maul zusammen.« Mieze ist ganz hingerissen.

5 von 5 Pfoten

»Und guck mal hier...« Karla blättert um
und senkt vielsagend ihre Lider.

mit
FANG-
GARANTIE

Romantik
PUR

TAUCHEN Sie ein in das Grau
der Nacht mit den Katzen
von Kratzenhausen und machen
Sie mit bei unserer Mondschein-
aktion: Romantisches
Beisammensitzen auf den
Dächern der Stadt!
Wer wil, geht ganz entspannt
auf Mäusejagd: Sie schleichen
sich an, wir kümmern uns
um Ihre Beute.

TANZEN Sie zu heißer Katzenmusik
in den angesagtesten Clubs!
Sie müssen nur an der Tür kratzen ...
Und am nächsten Morgen zum
Katerfrühstück ins Café Kitty.

2x buchen

1x zahlen

23

BESUCHEN Sie
auch unseren Souvenir-Shop:
Dort erwartet Sie eine riesige
Auswahl an Gummimäusen,
Glöckchen und anderem
fantastischen Katzenspielzeug.

ERHALTEN Sie Millionen Klicks,
indem Sie Ihre Urlaubsvideos
und Katzenbilder aus
Kratzenhausen in den sozialen
Medien teilen!

BUCHEN SIE NOCH HEUTE!
7% Rabatt bei Zahlung bar
auf die Kralle.

KLICK-
GARANTIE!

👍 1.000.000

»Wow!«, staunt Mieze. »Da müssen wir hin.
Gleich nächste Woche.«

Renus Berbig lebt mit zwei Katzen in München. Er schreibt Geschichten und Hörspiele fürs Radio. Außerdem sind von ihm mehrere Kinderbücher erschienen, zuletzt das Bilderbuch »Tapetentier & Holzvogel«im Tulipan Verlag.

Nikolai Renger studierte Visuelle Kommunikation an der HFG in Pforzheim. Er ist als freiberuflicher Illustrator für verschiedene Verlage und Agenturen tätig und arbeitet seit 2013 im Atelier Remise in Karlsruhe. Seit 2015 illustriert er Kinderbücher. Leider kann er, außer zwei Töne mit der Blockflöte, kein Instrument spielen …

Wortsport

IM VOGELBAD
PLANSCHEN DIE KATZEN.
ODER DIE SPATZEN?

FEINE HERREN SPIELEN
GERNE WOLF. ODER GOLF?

AUF DER WIESE
BLÜHEN BUNTE TÜTEN.
ODER BLÜTEN?

HUNDE BRINGEN
GERNE RÖCKCHEN.
ODER STÖCKCHEN?

Text und Illustration: Stefanie Duckstein

Mehr Tierreime zum Rätseln von Stefanie Duckstein als Buch:
»Wölfe in Rudeln kochen Nudeln mit Pudeln –
Würzige Tierreime mit Rätselsalat« bei cbj Kinderbuch.

Mops Mopster

Text: Anja Kömmerling und Thomas Brinx | Illustrationen: Lisa S.Rackwitz

Lola schaute durch die Terrassentür nach draußen
in den Garten. Ihr wunderschöner und sehr schlauer
Mops Mopster stand neben ihr und schaute auch.
Die Wohnung nebenan war neu vermietet worden,
und Mama hatte ihr von einer Frieda erzählt, mit der
sie im Garten spielen konnte.
Aber jetzt wollte Mopster nicht mehr stillsitzen.
Sie könnten doch viel besser im Garten warten, fand er,
am besten in Lolas Baumhaus.

Endlich öffnete sich nebenan die Terrassentür.
Aus der Nachbarswohnung trat eine riesige feuerrote
Katze und ... ein Junge.
Mopster knurrte. »Was ist das? Ein Katzentier?«
Lola staunte. »Und wo ist Frieda?«
In diesem Moment rief die Mutter des Jungen,
nannte ihn Frieder und das Katzentier Lotte.
Sie gingen zurück ins Haus.
»Ich hasse Katzen!«, bellte Mopster.
»Ich mag keine Jungs!«, maulte Lola.

»Sie dürfen unser Revier nicht betreten!«, bestimmte Mopster.

»Du hast recht, aber es gibt keinen Zaun!«

Mopster legte seine Stirn in noch mehr Falten.

»Ich könnte es ihm einfach sagen«, schlug Lola vor, aber damit war Mopster
ganz und gar nicht einverstanden. Kein Wort würden sie mit diesen Eindringlingen
wechseln. Wenn man erst einmal ins Gespräch kam, war es aus.

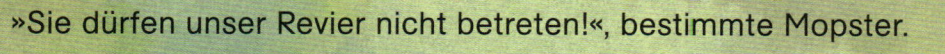

»Wir bauen einen Zaun aus Sachen!« Mopster sauste los,
holte den Besen und legte ihn zwischen die beiden Gärten.
Lola verstand sofort, was er meinte, und half mit.
Sie baute den Hula-Hoop-Reifen, das Springseil, das alte Stück
Gartenschlauch und die Gießkanne auf. Das war die Grenze.
Zufrieden setzten sich die beiden in die Hollywoodschaukel
und beobachteten die feindliche Terrassentür.

Da trat Frieder mit einem Fußball in der Hand in den Garten
und kickte ihn vor sich her. Lola merkte, wie Mopster zuckte.
Nichts war für ihn verlockender, als einen Ball zu jagen
und hineinzubeißen, bis ihm die Luft ausging.
Frieder gab dem Ball noch einen Tritt, er hüpfte zu weit und
landete in Lolas und Mopsters Revier.
»Oje!«, zischte Lola, und Mopster legte die Schlappohren an.

Langsam ging Frieder los. Vor dem Seil blieb er stehen,
schaute dann zu Lola und ihrem sehr wachsamen Hund.
»Hey!«, sagte er.
Lola sagte nichts.
»Das soll hier wohl die Grenze sein!«
Diesmal nickte Lola.
»Und wie komme ich an meinen Ball?«

Lola stand auf, um den Ball zurück in den anderen Garten zu kicken, da schoss Mopster wie eine Kanonenkugel an ihr vorbei, geradewegs auf die rote Katzenlotte zu, die in diesem Moment über die Grenze spazierte. Und weil er nicht nur rannte wie ein Blitz, sondern auch bellte wie ein Verrückter, konnte sich die arme Katze gerade noch auf die große Linde retten.

»Lotte!«, rief Frieder erschrocken.
»Mopster!«, schrie Lola.
Mopster bremste unter dem Baum
und kläffte wie wild:
»Sie ist über die Grenze gegangen,
hast du das gesehen, Lola, unglaubliche
Unverschämtheit!«

Die Katze hockte oben auf einem Ast und miaute kläglich.
»Wir haben eine Leiter im Schuppen!«, sagte Lola zu Frieder
und merkte gar nicht, dass sie soeben das Sprechverbot
durchbrach. Den aufgebrachten Mopster sperrte sie hinter
die Terrassentür.
»Es geht nicht anders, er hat doch seine Katze auch lieb«,
versuchte sie Mopster zu erklären, aber sie ahnte schon,
dass er sehr lange sehr beleidigt sein würde.
Dann winkte sie Frieder über die Grenze, und gemeinsam
lehnten sie die schwere Leiter an den Baum.
Frieder kletterte hinauf, hob seine Lotte von dem Ast und
trug sie hinunter in den Garten. Glücklich stolzierte sie herum.
Und Mopster saß hinter der Scheibe, schaute zu, wie dieses
Tier sein Reich beschlich und Lola mit Frieder lachte.
Dann trugen sie all die Sachen zurück an ihren Platz,
die einmal eine Grenze gewesen waren.
»Mopster ist eigentlich ganz lieb«, hörte er Lola sagen.
»Die beiden werden sich schon noch aneinander gewöhnen!«

»Niemals«, kläffte Mopster und konnte sich nur wundern.
Menschen waren schon manchmal komische Hunde!

Anja Kömmerling und **Thomas Brinx** schreiben seit 35 Jahren zusammen Geschichten für Kinder und die ganze Familie. Zu sehen im Fernsehen und Kino, zu hören im Radio und zu lesen in unzähligen Büchern. Sie leben in München und Bonn, schauen in die Wolken und suchen nach immer neuen Geschichten, die erzählt werden möchten.

Lisa S. Rackwitz, Jahrgang 1980, hat an der Hochschule für Grafik und Buchkunst in Leipzig studiert, seit 2003 arbeitet sie als freischaffende Illustratorin und Trickfilmzeichnerin. Ihre Vorliebe gilt detailreichen, farbigen Szenen aus der Tier-und Pflanzenwelt. Lisa S. Rackwitz lebt mit ihrer Familie in Halle an der Saale. www.lisa-rackwitz.de.

Oh wie süß!
Ein Häufchen!

Diese Hundehaufen sehen zwar richtig echt aus,
sind aber zum Glück köstliche Schokokekse.
Back dir welche zum Naschen und Leute Erschrecken!
Wie es geht, steht auf den folgenden Seiten.

DAS BRAUCHST DU DAZU:

| 200g Mehl | 100g Zucker | ein Päckchen Vanillezucker | 100 g gemahlene Mandeln | 4 EL Back-Kakao | 1/4 TL Salz | 1 Ei |

1 TROCKENE ZUTATEN MISCHEN

Vermische Mehl, Zucker, Vanillezucker, gemahlene Mandeln, Kakao und Salz in einer Schüssel.

2 TEIG KNETEN

Gib das Ei und die Butterstückchen dazu. Verknete dann alles zu einem Keksteig.

3 TEIG KALTSTELLEN

Als nächstes knetest du die gehackte Schokolade unter. Rolle dann den Teig zu einer großen Wurst und lege ihn in Backpapier eingewickelt für eine halbe Stunde in den Kühlschrank.

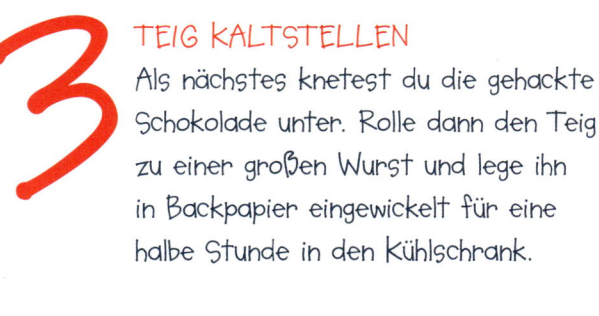

150g kalte Butter
in Stückchen

100g gehackte
Zartbitterschokolade

1 Eiweiß zum
Bestreichen

Pinsel

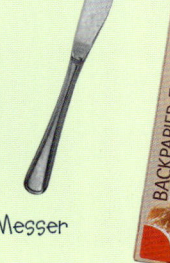
eine
Schüssel

Messer

Backpapier

4 HUNDEHAUFEN FORMEN

Heize den Backofen auf 175 Grad Umluft vor.
Nun schneide die Teigrolle in 12 Scheiben.
Rolle daraus zuerst Würste und drehe sie
zu kringeligen Hundehaufen.

5 FRISCHER GLANZ

Belege ein Blech mit Backpapier und
verteile die Hundehaufen darauf.
Schnapp dir den Pinsel und bestreiche
die Häufchen mit Eiweiß, damit sie frisch
glänzen. Backe dann die Hundehaufen
20 Minuten. Vorsicht am heißen Ofen!

6 GUTEN APPETIT!

Die Hundehaufen sind prima zum Leute
Erschrecken. Lege sie dafür auf eine
Serviette oder in eine offene Butterbrot-
tüte. Dann biete sie deinen Freundinnen
und Freunden an oder platziere einen
Hundehaufen vor ihrer Haustür ...
Nach dem Schreck könnt ihr gemeinsam naschen!

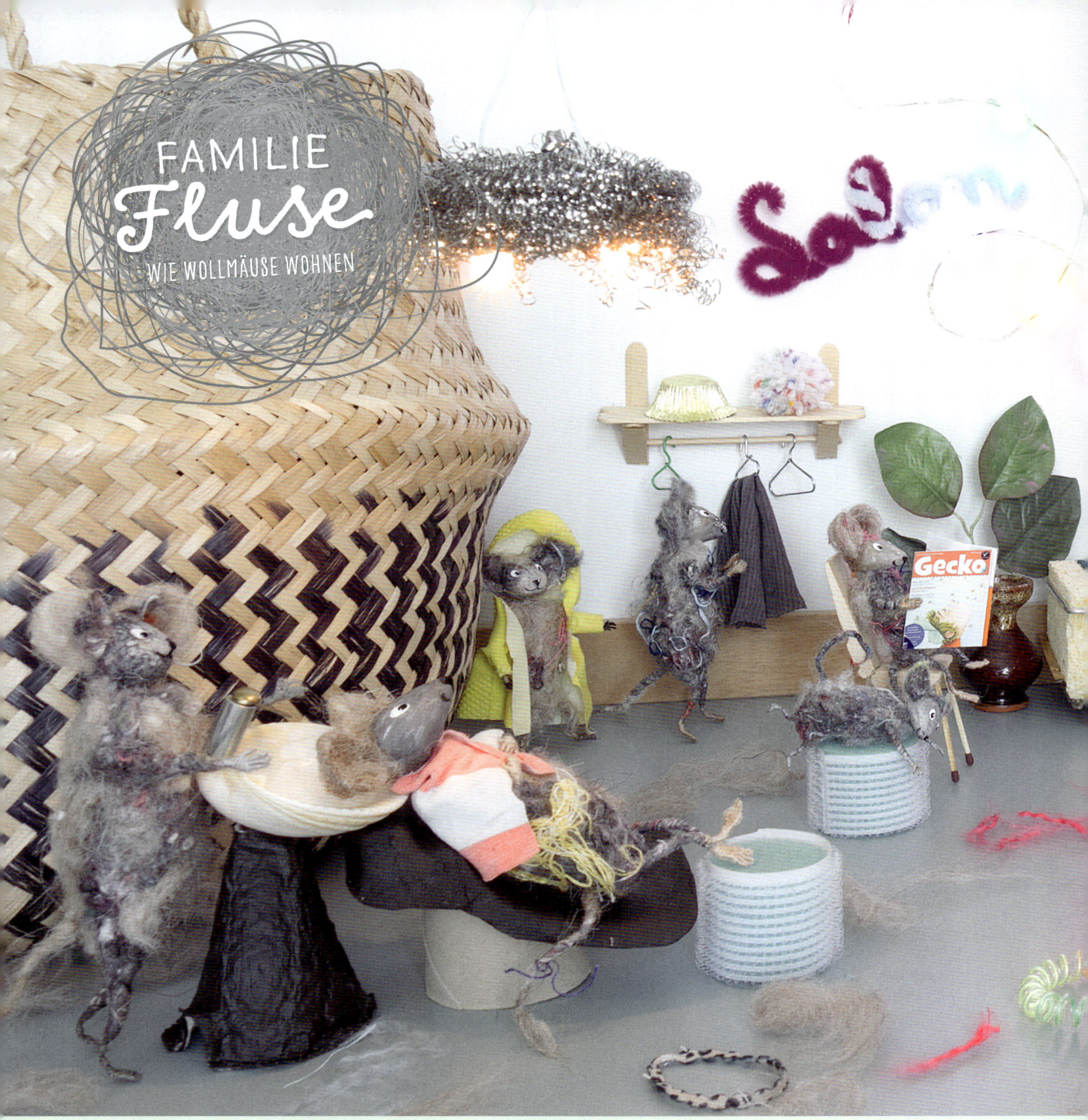

FAMILIE
Fluse
WIE WOLLMÄUSE WOHNEN
Salon
Gecko

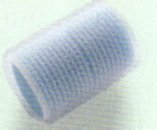

DER LOCKENWICKLER

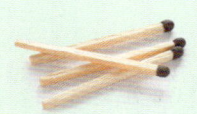

DIE STREICHHÖLZER

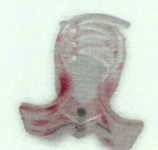

DIE HAARKLAMMER

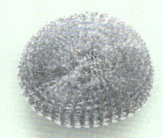

DER TOPFKRATZER

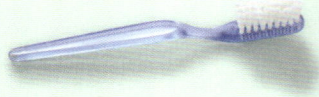

DIE ZAHNBÜRSTE

Fusselfriese

Gestaltung und Bild: Katrin Wiegand

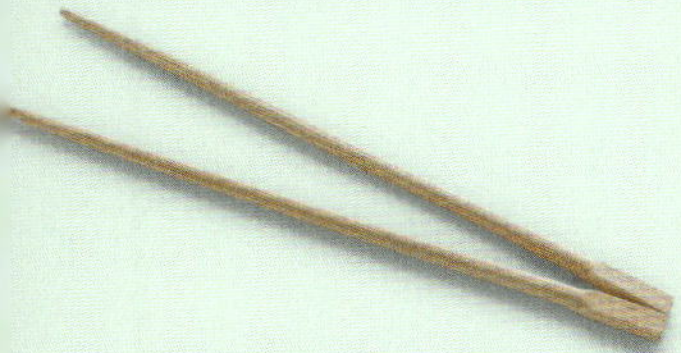

CHIC! FAMILIE FLUSE GEHT
HEUTE ZUM FRISEUR!
FINDEST DU DIE DINGE,
MIT DENEN DER SALON
EINGERICHTET IST? **43**

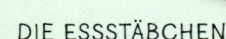

DIE ESSSTÄBCHEN

DIE MUSCHEL

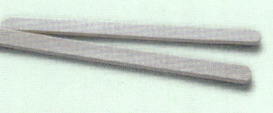

DIE EISSTIELE

DIE PERLEN

MACH MAL
sch WIE schlafen

Das ABC der Tunwörter

von Ina Hattenhauer

schlecht
schlafen

0
0

ganz tief
schlafen

SCHNARCH

schlafen
wie ein Stein

Schnief

sich gesund
schlafen

eine Nacht drüber schlafen

JA

bis in die Puppen schlafen

NEIN

wie ein Murmeltier schlafen

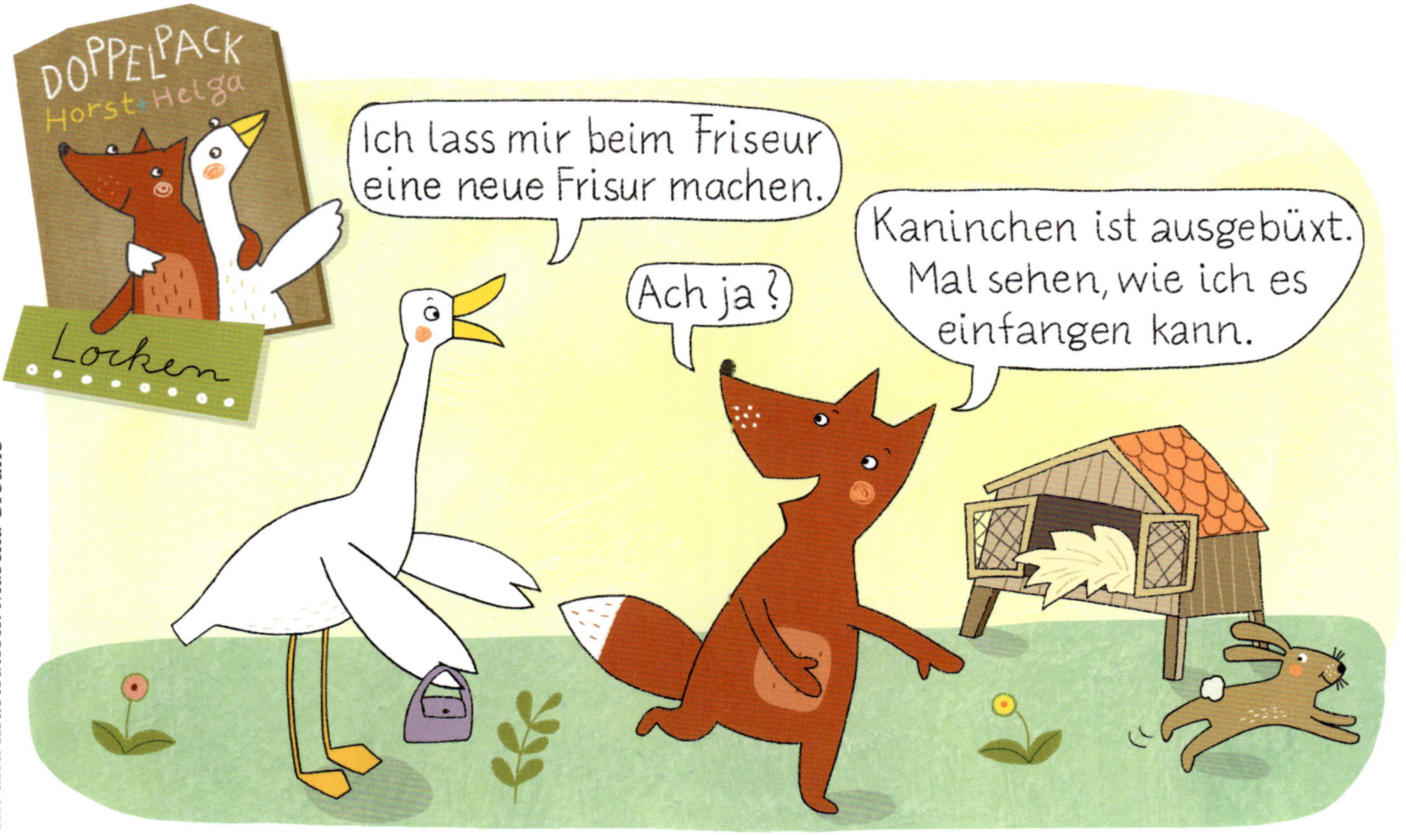

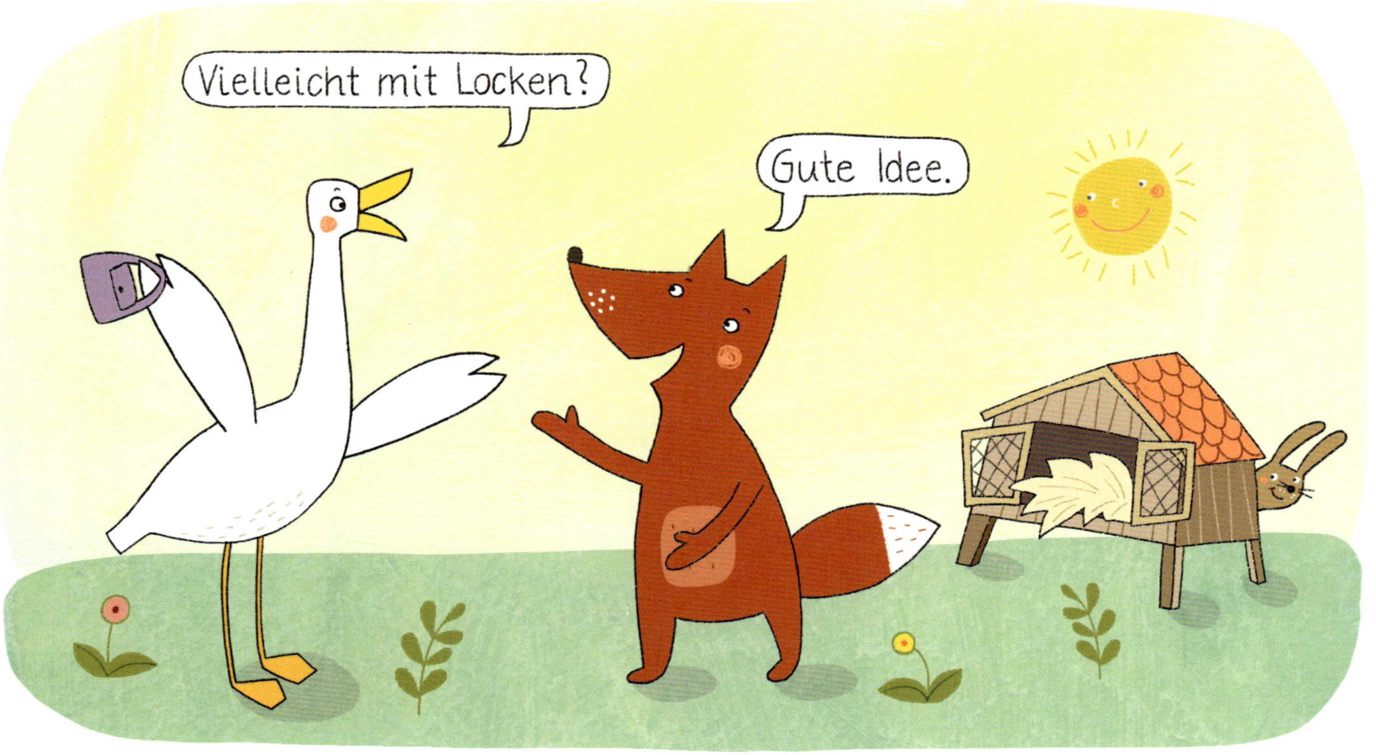

Text und Illustration: Mascha Greune

Horst und Helga gibt es nur im Doppelpack. Sie sind beste Freunde! Auch wenn sie ständig aneinander vorbeireden. Denn auch Worte gibt es oft im Doppelpack: ein Wort, zwei Bedeutungen. **Welches Wort ist es diesmal?**

Text: Uwe-Michael Gutzschhahn | Illustration: Franziska Ludwig

Schreckgedicht

Mauert auf der Kauer eine Latze,
vappt dort einen Togel mit der Schnatze,
hägt im Traul ihn molz nach Staus.
Naber ein, o Greck o Schraus!
Schellt ein Bund, die Hatz erkauert,
mauchend feißt ihr Raul sie auf –
und der Hogel viegt flitternd in den Zimmel auf.

Fremd-Wörter

Napf
- damit schließt man die Jacke
- Mütze
- Futter-schüssel · schlabber

Luchs
- Meeres-fisch
- Tier, das sehr schlau ist
- Wild-katze

Labrador
- Forschungs-raum
- Stier-kämpfer
- Hunde-rasse

Frettchen
- Stück Holz
- kleines Raubtier
- freches Kind

Kralle
- sieht man beim Tauchen
- damit kratzt die Katze
- glibbriges Wasser-tier

Nur einer der drei Vorschläge ist richtig. Welcher?

Text und Illustration: Bettina Bexte

Die Auflösung findest du auf Seite 50.

3 eigens illustrierte Geschichten in jeder Ausgabe

kreative Projekte und Experimente

alle zwei Monate eigene Post

fair: Jahresabo jederzeit kündbar

werbefrei

Gecko macht im Abo noch viel mehr Spaß!

Jetzt abonnieren:
www.gecko-kinderzeitschrift.de